D1702491

Die Göttin, die sich in einen Fluß verwandelt

Die Göttin,
die sich in einen Fluß verwandelt

Eine Erzählung aus dem Hinduismus

Vijay Singh
Illustrationen von Pierre de Hugo

Kaufmann · Klett

Die Deutsche Bibliothek – CIP-Einheitsaufnahme

Singh, Vijay:
Die Göttin, die sich in einen Fluß verwandelt: eine Erzählung aus dem Hinduismus /
Vijay Singh. Ill. von Pierre de Hugo. [Übers.: Daniela Nußbaum]. –
1. Aufl. – Lahr: Kaufmann; Stuttgart: Klett, 1994
(Geschichten vom Himmel und der Erde)
Einheitssacht.: La déesse qui devint fleuve <dt.>
ISBN 3-7806-2354-4 (Kaufmann)
ISBN 3-12-690952-3 (Klett)
NE: Hugo, Pierre de [Ill.]

1. Auflage 1994
Titel der Originalausgabe
„La déesse qui devint fleuve",
erschienen bei Gallimard Jeunesse, Paris
© Editions Gallimard, 1993
© der deutschen Ausgabe: Verlag Ernst Kaufmann, Lahr, 1994
Lektorat: Renate Schupp
Übersetzung: Daniela Nußbaum
Religionswissenschaftliche Beratung: Dr. Ilas Körner-Wellershaus
Printed in Italy by Editoriale Libraria
ISBN 3-7806-2354-4 (Kaufmann)
ISBN 3-12-690952-3 (Klett)

Die Geschichte, die ich euch erzählen will, spielt im Himalaja-Gebirge, dieser gewaltigen, schneebedeckten Bergkette im Inneren von Asien. Dort entspringt der größte Fluß Indiens, der Ganges, den die Hindus unter dem Namen Ganga als Göttin verehren.
Der Flußlauf des Ganges beginnt am Ende eines Gletschers. In den Eismassen klafft eine Lücke, die aussieht wie ein großer Mund. Daraus fließt klares, türkisfarbenes Wasser, springt über glattgeschliffene Steine und gurgelt und hüpft und tanzt.

Himalaya bedeutet „Schnee-Wohnsitz". Für die Hindus ist der Himalaya der Wohnsitz der Götter.

Wasser bedeutet Leben. Es reinigt und macht neu. Deshalb verehren die Hindus ihre Flüsse.

Das ist Gaumukh, die Quelle des Ganges.

An jenem Morgen gingen durch dieses einsame, stille Land eine junge Frau mit ihrer kleinen Tochter. Die Nacht war wolkenlos und kalt gewesen. Doch nun kam hinter den Bergen die Sonne hervor und tauchte die Gipfel in ein zauberhaft schönes, rötliches Licht, als hätte am Himmel ein riesiger Vogel seine Flügel aus zartrosa Seide ausgebreitet. Es war ein atemberaubend schöner Anblick.

Die junge Frau hielt das Mädchen an der Hand. Sie wanderten zusammen zur Quelle des Ganges. Als sie bei dem klaffenden Gletschermund angekommen waren, blieb die Mutter stehen, kniete sich vor der Quelle nieder und begann zu beten.

Als sie ihr Gebet beendet hatte, warf sie einen raschen Blick in die Runde. Und da keine Menschenseele zu sehen war, zog sie rasch ihren Schal und ihr Oberkleid

Der Fluß, der am meisten verehrt wird, ist der *Ganges*. Die heiligste Handlung, die ein Hindu vollbringen kann, ist, bei Sonnenaufgang im Ganges zu baden. Eine andere Art der Verehrung besteht darin, Öllampen auf dem Fluß schwimmen zu lassen.

Jeder Hindu wünscht sich, daß nach seinem Tod seine Asche in den Ganges gestreut wird.

... aus, stieg in das eiskalte Gletscherwasser und tauchte unter. Dabei sang sie mit einer Stimme, die vor Kälte zitterte: „Hare, Ganges! Hare, Ganges! Gelobt seist du, Ganga!" Dann rief sie ihrer Tochter zu: „Zieh dich aus und komme auch!"

Das Mädchen stand fröstelnd am Ufer und fürchtete sich vor dem kalten Wasser. „Laß mich!" bat sie. „Ich werde erfrieren!" Doch der Mutter gelang es, sie zu überreden. Und so tauchte sie schließlich widerwillig unter.

Zitternd am ganzen Körper stiegen beide, Mutter und Tochter, aus dem Fluß und hüllten sich in ihre trockenen Kleider.

„Ich bin durchgefroren bis auf die Knochen, Mutter", jammerte das Mädchen. „Warum mußte ich das tun?"

Da nahm die Mutter sie zärtlich in die Arme und erklärte ihr: „Weil ein Bad im Ganges, und ganz besonders hier an der Quelle, von allem Bösen und Schlechten reinwäscht. Wer hier gebadet hat, wird immer rein sein. Ich will dir erzählen, woher das kommt."

Die Mutter setzte sich auf einen Stein, zog ihre Tochter an sich und begann, ihr die Legende des Ganges zu erzählen, des heiligsten aller Flüsse.

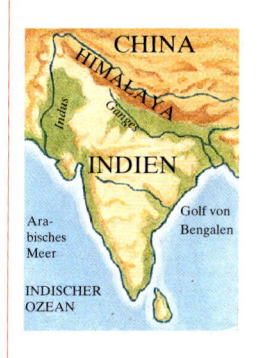

„*Hare*" bedeutet soviel wie „Heil dir".

Der Himalaya ist für die Hindus eine geheimnisvolle Bergwelt, in der sich Erde und Himmel treffen. Besondere Bedeutung hat der Berg Kailasch, auf dem der Gott Schiwa mit seiner Frau Parvati wohnt.

Es war einmal ein himmlisches Königreich, hoch oben in den Bergen des Himalaja. Es lag versteckt im Herzen dichter Wälder, unterhalb der schneebedeckten Gipfel. In diesem wunderschönen, einzigartigen Land lebten Menschen und Tiere einträchtig beieinander. Und kein Lebewesen tat einem anderen etwas zuleide.

Der König dieses Landes war der göttliche Himavat, was soviel bedeutet wie „Schnee". Himavat besaß eine Tochter namens Ganga, die von großer Schönheit war. Sie hatte mandelförmige Augen, lange seidige Wimpern, Lippen wie Rosenknospen und schwarze, feingewellte Haare. Alle, die sie sahen, waren von ihr bezaubert.

Ganga wußte wohl, daß ihre Schönheit ihr Macht gab über die Menschen. Sie war eigenwillig und ungestüm, und ihr Vater hatte viel Mühe mit ihr.

Doch Ganga war nicht nur schön und wild, sondern sie besaß auch eine Gabe, die ganz einzigartig war: Sie verströmte ein Wasser, das die magische Kraft hatte, von aller Schuld reinzuwaschen.

Eines Tages geschah es, daß der Gott Brahma, der Schöpfer des Alls und Vater aller Lebewesen, auf seinem Schwan angereist kam und dem König Himavat einen Besuch abstattete. König Himavat war darüber sehr erstaunt, denn er wußte, daß Brahma nicht die Angewohnheit hatte, sich wegen Kleinigkeiten auf den Weg zu machen. Der Gott mit den vier Köpfen betrat die königlichen Gemächer, setzte sich und sprach: „Edler König! Ich komme wegen deiner Tochter Ganga, die die Gabe hat, von Schuld reinzuwaschen. Bagirath, der Sohn Dilipas, weigert sich, den Thron seines Vaters zu besteigen, bevor nicht Ganga auf die Erde herab-

Ganga ist die Schwester von Devi, der Gemahlin Schiwas. Sie tritt in verschiedenen Gestalten auf, die unterschiedliche Namen und Eigenschaften haben: Als *Parvati* ist sie die Tochter der Berge; als *Uma* das Licht und als *Durga* die Schreckliche, die die Dämonen besiegt.

Zusammen mit Schiwa und Vischnu ist *Brahma* einer der drei Hauptgötter des Hinduismus. Er wird mit vier Köpfen dargestellt als Zeichen, daß er alles sieht. Seine Verehrung ist nicht sehr verbreitet.

kommt und die Seelen seiner Ahnen reinigt, die in der Hölle schmachten. Ich habe Bagirath versprochen, dir seine Bitte vorzutragen. Erlaubst du, daß deine Tochter Ganga auf die Erde herabsteigt?"

„Ehrwürdiger Gott", antwortete König Himavat. „Wie könnte ich dem Schöpfer des Alls, dem Vater aller Lebewesen, eine Bitte abschlagen! Doch wisse, daß Ganga wild und ungestüm ist. Sie tut nur, was ihr gefällt."

Ganga, die neben dem goldenen Thron ihres Vaters saß, hörte der Unterhaltung zu und ließ sich kein Wort entgehen. Um ihre Lippen spielte ein verführerisches Lächeln, denn sie liebte es, Götter und Menschen zu verwirren. Brahma aber blieb unbeeindruckt und wiederholte seine Bitte. „Erlaubst du, edler König, daß deine Tochter auf die Erde hinabsteigt?"

„Es soll geschehen, wie du es wünschst", erwiderte der König. „Doch erzähle mir Genaueres über Bagirath! Und über die Schuld, die seine Ahnen auf sich geladen haben, so daß niemand außer Ganga sie erlösen kann."

Brahma nickte. Und so erfuhr Himavat die folgende Geschichte.

Es ist ein weitverbreiteter Brauch, der aufgehenden Sonne zum Zeichen der Verehrung heiliges Wasser des Ganges darzureichen.

Die hinduistischen Götter besitzen Fortbewegungsmittel, die durch Tiere symbolisiert werden. So reitet Brahma auf *Hamsa*, der als Gans oder Schwan dargestellt wird. Zu Schiwa gehört ein weißer Stier namens *Nandi,* während Vischnu von dem Fabel-Vogel *Garuda* getragen wird.

Schiwa rettete die Menschheit, indem er das Gift in sich aufnahm, das böse Dämonen den Menschen zugedacht hatten. Davon färbte sich seine Haut blau.

Vor einiger Zeit regierte auf der Erde ein mächtiger König namens Sagar. Sein Königreich war riesig. Und seine Schatztruhen quollen über von Gold, Silber und kostbaren Edelsteinen. Aber trotz all seines Reichtums war König Sagar nicht glücklich, denn er hatte keine Kinder. Seit vielen Jahren tat er alle Arten von Buße und flehte verzweifelt die Götter an, damit seine beiden Frauen ihm Kinder schenken mögen.

Eines Tages, als er in tiefes Grübeln versunken war, erschien vor ihm Schiwa, der Gott mit der blauen Haut, der Vernichter des Bösen. Er war von Feuer umgeben. Eine grüne Schlange ringelte sich um seinen Hals und hob den Kopf über seine Schulter. In der Hand hielt er einen Dreizack.

„Tröste dich, unglücklicher König", sprach er. „Deine beiden Frauen werden dir Kinder schenken. Die ältere wird viele starke, mutige Söhne haben, aber alle werden umkommen, ohne Erben zu hinterlassen. Keschini, deine jüngere Frau, wird nur einen einzigen Sohn haben. Aber seine Nachkommen werden auf dem Königsthron sitzen." Nach diesen Worten verschwand Schiwa.

Im Lauf der Jahre erfüllte sich die Vorhersage Schiwas. Keschini, die jüngere Königin, bekam einen Sohn. Er wurde ein Tunichtgut, der seinem Vater nichts als Sorgen machte. Die ältere Königin aber gebar eine große Anzahl von Söhnen. Jeder von ihnen wuchs und nahm zu an Kraft und Mut.

König Sagar war glücklich über seine starken, mutigen Söhne. Aus Freude über sein Glück öffnete er jede Woche eine seiner Schatztruhen, die gefüllt waren mit Gold, Silber und kostbaren Edelsteinen, und machte den Armen prächtige Geschenke. Damit niemand in seinem Reich Hunger litt, richtete er im Palast eine Küche ein, in der nur für die Armen gekocht und gebacken wurde.

Schiwa ist ein hoch verehrter Gott. Er wird in den Tempeln meist in Form des Lingam dargestellt, eines zylindrisch geformten Steines, der dem männlichen Geschlechtsteil nachgebildet ist. Als Zeichen seiner vollkommenen Erkenntnis der Wahrheit trägt Schiwa auf der Stirn ein drittes Auge. Schiwa, wie auch Vischnu, wird meist mit vier Armen dargestellt.

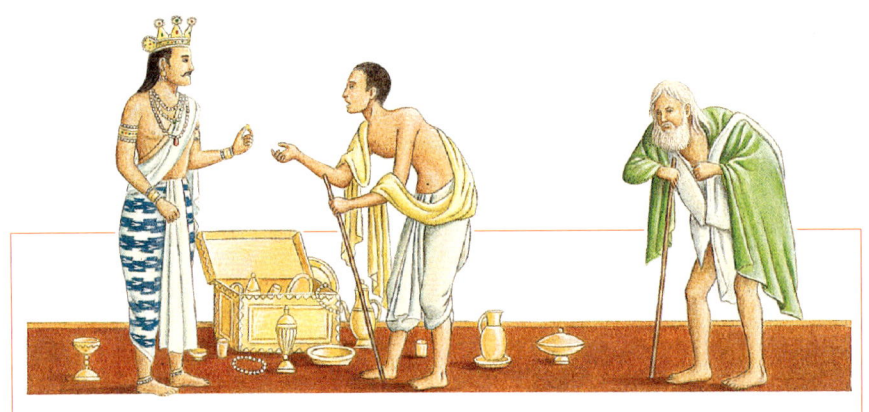

Im frühen Hinduismus spielten *Opfer* eine sehr wichtige Rolle. Ein Pferdeopfer war das höchste, was man den Göttern bieten konnte.

Endlich beschloß der König, als Zeichen der Dankbarkeit den Göttern ein Pferd zu opfern. Das war das höchste Opfer, das er den Göttern bringen konnte.

Am Hof des Königs wurden die sorgfältigsten Vorbereitungen getroffen. Ein wunderschönes weißes Pferd, leuchtender als der Schnee des Himalaja, mit dem prächtigsten Zaumzeug geschmückt, wurde aus einer entfernten Gegend herbeigebracht. Die Priester und die Weisen des Landes wurden eingeladen, um die heiligen Verse zu sprechen und zu singen.

Doch als das heilige Feuer entzündet war und die Gesänge sich erhoben, erlaubte sich Indra, der König der Götter, einen schlechten Scherz. Er schlich sich heimlich zur Opferstätte, band das weiße Pferd los und verschwand mit ihm in der Dunkelheit der Nacht.

Als der oberste Priester den Diebstahl entdeckte, geriet er außer sich vor Angst und Verzweiflung, denn es gab kein größeres Unglück als das Mißlingen eines Opfers.

„Verloren!" schrie er. „Wir sind alle verloren! Die Götter werden uns strafen!"

Der König aber rief seine Söhne zusammen und befahl ihnen, das Pferd zurückzubringen. Da machten sich die tapferen Königssöhne sofort auf die Suche, obwohl sie von dem Pferd nichts weiter wußten, als daß es weiß war und auf den Ruf „Schu-schu-schuschu" hörte.

Auf der ganzen Erde kehrten sie das Unterste nach oben. Die Städte wurden auf den Kopf gestellt, die Wälder durchkämmt, die Berge und Flüsse sorgfältig abgesucht. Überall ertönte der Ruf der Königssöhne: „Schu-schu-schuschu!"

Indra war einstmals so etwas wie der König der Götter. Dann wurde er aber weniger bedeutungsvoll. Man hält ihn für den Wettergott.

Aber ach, alle ihre Anstrengungen waren vergebens. Sie fanden nicht die geringste Spur des weißen Pferdes.

Entmutigt saßen die Königssöhne eines Tages in der Nähe eines Brunnens, als der Älteste eine Idee hatte. „Vielleicht ist das Pferd nicht auf der Erde, sondern unter der Erde." Von dieser Idee waren die anderen sehr angetan. Sie begannen sofort, ein Loch zu graben. Und als es tief genug war, ließen sie sich an einem langen Seil hinab. So gelangten die Königssöhne zum Mittelpunkt der Erde. Da sahen sie, daß die Erde auf den Rücken von acht riesigen Elefanten ruhte, von denen jeder so groß war wie ein Berg.

Der älteste Prinz rief sofort: „Schu-schu-schuschu." Das Pferd antwortete nicht. Die Elefanten wurden unruhig. Sie begannen, mit den Füßen aufzustampfen und heftig mit den Ohren zu wedeln, so daß ein gewaltiger Sturm aufkam. Blitze leuchteten, Donner grollte, und oben auf der Erde gab es ein Erdbeben.

Ein *Asket* (Sadhu genannt) ist ein Mensch, der auf alle irdischen Annehmlichkeiten verzichtet, um sich ganz der Meditation zu widmen. Seinen Lebensunterhalt verdient er durch Betteln. Einem wirklichen Sadhu begegnen Hindus mit höchstem Respekt.

Nach alter hinduistischer Auffassung wird die Erde durch feste und starke Elemente getragen, die duch Elefanten und auch durch den Panzer einer *Schildkröte* dargestellt werden. Diese starke Schildkröte wird auch als eine der Gestalten von Vischnu angesehen.

Als Ruhe eingekehrt war, nahmen die Königssöhne die Suche nach dem weißen Pferd wieder auf. Die ganze Nacht irrten sie umher. Am Morgen entdeckten sie unter einem Baum ein weißes Pferd, das glänzte wie der Schnee im Mondenschein. Neben ihm saß ein Einsiedler in einem safranfarbenen Gewand und betete. Die Söhne des Königs stürzten sich mit lautem Geschrei auf den alten Mann, der ganz in sein Gebet versunken war, und schrien: „Erbärmlicher alter Dieb! Du hast unser Pferd gestohlen! Gib es sofort her!"
Der Einsiedler erhob sich wütend. Flammen schlugen aus seinem Mund. „Wer wagt es, mich einen Dieb zu nennen?" rief er, und – pfff! – blies er den Söhnen des Königs Sagar seinen feurigen Atem ins Gesicht, so daß sie auf der Stelle zu Asche verbrannten.

Ein *Eremit* oder Einsiedler ist ein frommer Mensch, der sich in die Einsamkeit begibt, um sich dort ganz seinen Gebeten zu widmen.
Das Wort Eremit kommt aus dem Griechischen und bedeutet dort „einsam".

König Sagar saß zu Hause in seinem Palast und wartete auf seine Söhne. Doch ein Tag nach dem anderen verging, ohne daß er eine Nachricht von ihnen erhielt. Auch das weiße Pferd blieb verschwunden. Er bekam große Angst, denn er wußte, daß ihn jeden Augenblick der Zorn der Götter über das unvollendete Opfer treffen konnte.

Da erinnerte er sich eines Nachts an die Worte Schiwas, des Gottes mit der blauen Haut, der zu ihm gesagt hatte: „Keschini, deine jüngere Frau, wird nur einen einzigen

Sohn haben. Aber seine Nachkommen werden auf dem Königsthron sitzen."

Keschini hatte von ihrem nichtsnutzigen Sohn einen Enkel namens Ansuman, der ein aufrechter junger Mann war. Der König ließ Ansuman zu sich kommen und schickte ihn auf die Suche nach seinen Söhnen und dem weißen Pferd.

Ansuman war sehr tierlieb. Er hatte viele Freunde unter den Tieren und beherrschte ihre Sprache. Er ging in den Dschungel und durchkämmte ihn nach allen Richtungen. Da traf er einen Elefanten, der seinen Rüssel hob und ihm zuflüsterte: „Höre auf, in den Wäldern zu suchen! Das weiße Pferd ist in der Unterwelt!"

Ansuman fand das Loch, durch das sich die Königssöhne ins Innere der Erde hinabgelassen hatten, und stieg hinunter. Noch bevor seine Füße den Boden berührten, streckte ein anderer Elefant seinen Rüssel vor ihm aus und brummte: „Gehe rechts diesen Weg entlang. Du wirst

Der *Elefant* verkörpert im Hinduismus Kraft und Klugheit. Er ist das Fortbewegungsmittel des Gottes Indra.

Ein sehr beliebter Gott ist *Ganescha*, der Sohn von Schiwa und Parvati. Er trägt einen Elefantenkopf.

„das weiße Pferd an einem kleinen Weiher finden."

Ansuman tat, was der Elefant ihm gesagt hatte, und entdeckte das Pferd neben einer Hütte, die am Ufer eines Weihers stand. Sein Herz klopfte heftig vor Freude.

„Schu-schu-schuschu!" rief er, denn er wollte sicher sein, daß es das richtige Pferd war. Da hob das Pferd den Kopf und wieherte laut.

In diesem Augenblick kam der Einsiedler aus seiner Hütte. Ansuman, der das Alter ehrte, grüßte ihn höflich und fragte: „Ehrwürdiger Einsiedler, hast du meine Onkel gesehen? Sie sind ausgezogen, um dieses Pferd zu suchen, und sind seitdem verschwunden. Mein Großvater, der große König Sagar, macht sich große Sorgen."

„Ja, ich habe sie gesehen", antwortete der Einsiedler und zeigte auf einen Haufen Asche zu seinen Füßen. „Sie haben mich einen Dieb genannt. Von meinem feurigen Atem sind sie zu Asche verbrannt und büßen jetzt für ihre Beleidigung in der Hölle."

„In der Hölle?" rief Ansuman erschrocken aus und erbleichte. Er weinte bitterlich über das schreckliche

In der hinduistischen Mythologie befindet sich die Hölle unter der Erde. Sie ist ein Ort völliger Verzweiflung.

> Die Götter werden angerührt von den Opfern, die die Asketen auf sich nehmen. Deshalb sind sie bereit, ihre Bitten zu erfüllen.

Schicksal seiner Onkel, fiel vor dem Einsiedler auf die Knie und bat ihn um Verzeihung für die Beleidigung, die ihm widerfahren war.

Der alte Mann ließ sich von den Tränen Ansumans rühren und sagte zu ihm: „Es gibt nur eine Möglichkeit, deine Onkel aus der Hölle zu befreien. Die göttliche Ganga, die die Gabe besitzt, von aller Schuld reinzuwaschen, muß herabsteigen und die Sünder reinigen. Nimm das Pferd und kehre nach Hause zurück. Mögen die Götter deine Gebete erhören."

Ansuman kehrte zurück und brachte seinem Großvater das weiße Pferd. Der König war außer sich vor Freude, als er das Pferd sah. Er rief die Priester und Weisen zusammen, und sie feierten mit großem Prunk das Opfer zu Ende, wie es vorgeschrieben war.

Nach dem Opferfest ging Ansuman wieder zu seinem Großvater und erzählte ihm, was mit seinen Söhnen geschehen war. Als der König das hörte, brach ihm das Herz. Er stieg von seinem Thron, verließ den Palast und ging in die Wälder, um dort das harte und entbehrungsreiche Leben eines Einsiedlers zu führen. Doch er war zu alt, um die Entsagungen zu ertragen, und starb wenige Monate später. Ansuman, dem das alles sehr zu Herzen ging, überließ den Königsthron seinem Sohn Dilipa und wurde wie sein Großvater Einsiedler, um den Göttern nahe zu sein. Denn er hoffte, daß sie so seine Gebete erhören und Ganga zur Erde schicken würden. Doch alle seine Bemühungen waren vergebens. Nach Ansuman kam sein Enkel Bagirath, der Sohn Dilipas, und weihte sein Leben den Göttern.

„Ich werde den Thron meines Vaters nicht eher besteigen, als bis Ganga, die die Gabe besitzt, von Schuld reinzuwaschen, meine unglückseligen Ahnen aus der Hölle befreit hat", verkündete er.

Gekleidet wie ein Bettler machte Bagirath sich auf den Weg zum Himalaja und ließ sich unter einem riesigen Banyanbaum nieder. Viele Jahre lang lebte er dort zwischen Schlangen, Würmern und Spinnen und ernährte sich von Kräutern und Beeren. Er widmete sich der Meditation und dem Gebet. Regen, Stürme und Schnee ließ er über sich ergehen, ohne zu klagen.

Da erbarmte sich Brahma und erschien vor ihm. „Oh, du unerschütterlicher Geist", sprach er. „Deine Gebete haben mein Ohr erreicht. Sprich, was ich tun soll.

Der *Banyan baum* wird wegen seiner Größe und Lebensdauer und seiner langen Luftwurzeln sehr bewundert.

Da antwortete Baghirat: „Ehrwürdiger Gott, laß Ganga auf die Erde herabsteigen, damit das heilige Wasser, das sie verströmt, die Seelen meiner Ahnen reinwäscht."

Brahma schüttelte den Kopf: „Weißt du nicht, daß Ganga ungestüm und wild ist und tut, was ihr gefällt? Sie könnte großes Unheil anrichten auf der Erde. Allein Schiwa, der Vernichter des Bösen, könnte sie zähmen."

Mit diesen Worten verschwand Brahma. Baghirat aber begann, zu Schiwa zu beten. Da erschien eines Tages Schiwa vor ihm und fragte: „Was willst du von mir?"

Baghirat erwiderte: „Der ehrwürdige Brahma ist bereit, Ganga auf die Erde herabsteigen zu lassen, wenn du, Gott Schiwa, sie zähmst. Erfülle meine Bitte, blauer Gott, denn nur das heilige Wasser Gangas kann die Seelen meiner Ahnen reinwaschen."

Schiwa zögerte, denn er wußte, wie stark und unberechenbar Ganga war. Aber es rührte ihn, daß Baghirat so harte Entbehrungen auf sich genommen hatte, um seine Ahnen von ihrer Schuld zu befreien.

„Du hast viele Opfer gebracht", sagte er. „Darum soll dein Wunsch erfüllt werden."

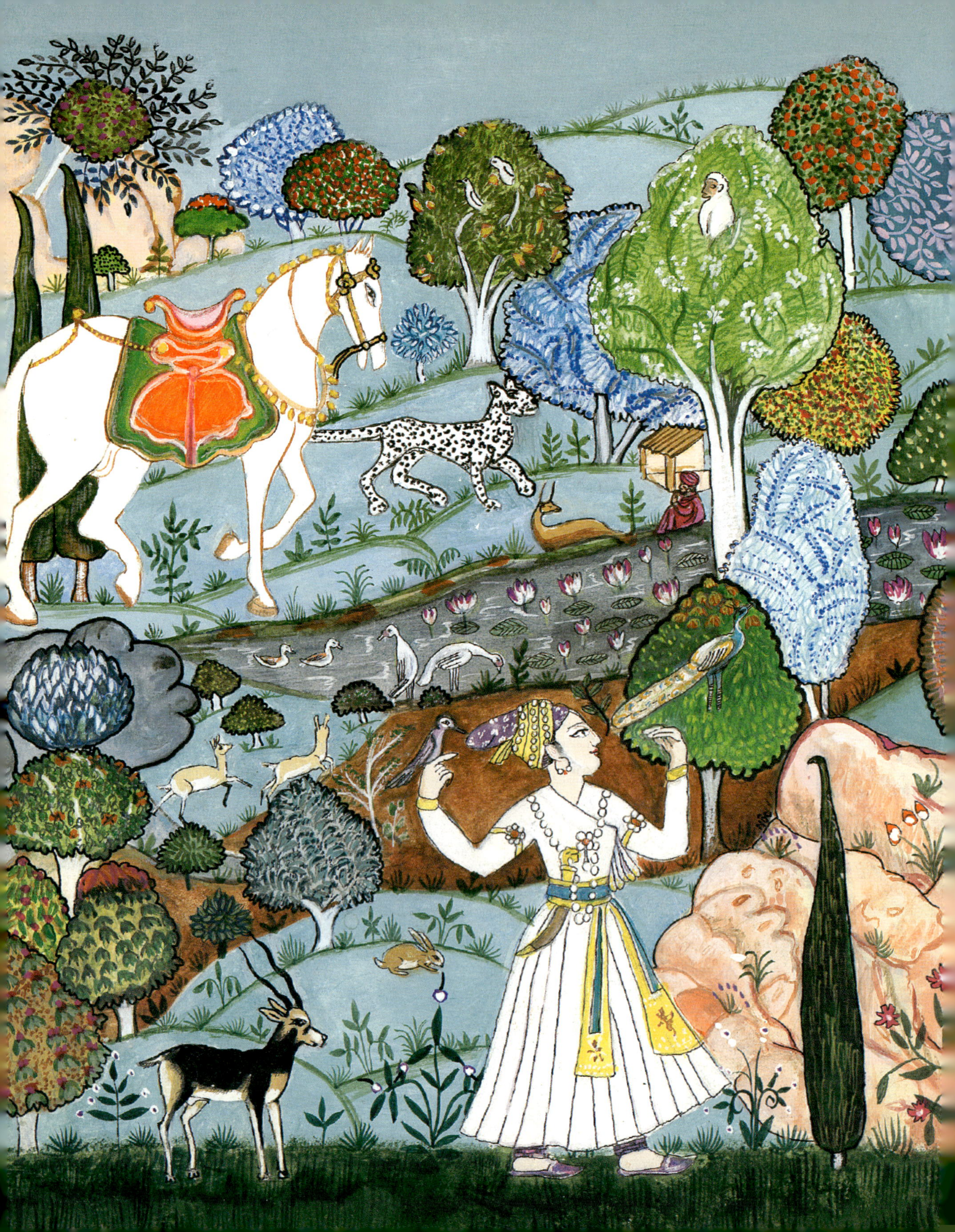

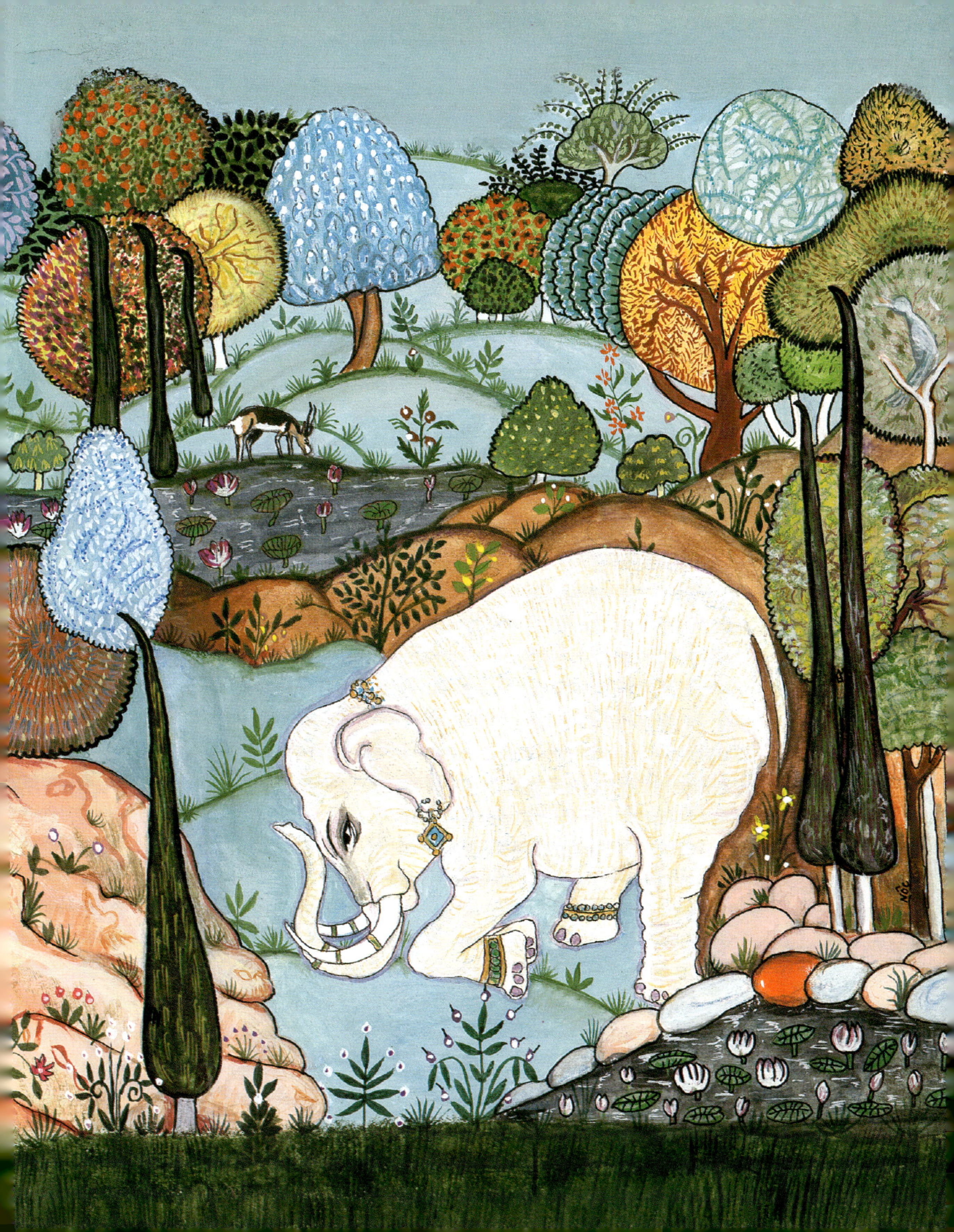

Das war die Geschichte, die der Gott Brahma erzählte. So erfuhr Himavat, der Vater Gangas, von den Königssöhnen, die ausgezogen waren, um das weiße Pferd zu suchen, und von Baghirat, der Einsiedler wurde, um die Seelen seiner Ahnen zu erlösen. Und er willigte ein, daß Ganga auf die Erde hinabstieg.

Ganga freute sich darauf, den Palast ihrer Eltern zu verlassen, denn ihr Vater war streng, und sie haßte jeden Zwang. Sie wollte frei sein und träumte davon, nur noch zu tun, was ihr gefiel.

Eines Tages war es soweit: Ganga machte sich auf die Reise. Begleitet von Blitz und Donner und umgeben

In der hinduistischen Mythologie spielen weibliche Gottheiten eine wichtige Rolle. Brahma, Vischnu und Schiwa können zum Teil nur durch die Kraft ihrer Partnerinnen wirken.

von einer blauen Flut strömte sie vom Himmel herab mit einer solchen Macht, daß eine wahre Sintflut über die Erde hereinbrach. Entsetzt suchten die Tiger Zuflucht auf den Bäumen, und die Elefanten flohen in die Höhlen. Die Vögel machten sich klein in ihren Nestern. Die Luft war erfüllt von Ganga, der wilden, unberechenbaren, die über den Himmel tobte.

Plötzlich bemerkte Ganga auf dem Gipfel des Himalaja Schiwa, den Gott mit der blauen Haut. Er stand still und beobachtete sie, ein Lächeln auf den Lippen. Ganga ahnte, was er vorhatte. „Nein!" schrie sie. „Du wirst mir nicht meine Freiheit nehmen! Niemals!" Und sie schlug zwischen Himmel und Erde ein paar Haken wie ein Hase, den die Hunde hetzen. Heftig stieß sie an die Bergkette des Himalaja. Da bebte die Erde, und die Wogen der Flut gingen hoch. Die Menschen schrien vor Angst.

Nach der Sage strömte Gangas Wasser an mehreren Stellen aus Schiwas Haaren, und bildete die verschiedenen Nebenflüsse des Ganges (siehe Karte S. 33).

Und sie wären alle weggeschwemmt worden, wenn Schiwa nicht eingegriffen hätte. Er packte Ganga und setzte sie in sein verschlungenes Haar, das zu einer kunstvollen Frisur aufgetürmt war. Dort hielt er sie gefangen.

Ganga war wütend. Sie kratzte und biß und zerrte ihn an den Haaren, aber Schiwa blieb fest und unerschütterlich. Er trug sie überall mit sich herum, damit sie kein Unheil mehr anrichten konnte. Da wurde sie allmählich ruhiger, und die Güte Schiwas ging auf sie über.

Baghirat aber flehte Schiwa an, Ganga wieder freizulassen, damit sie den Leiden seiner Ahnen ein Ende bereite, die noch immer in der Hölle schmachteten.

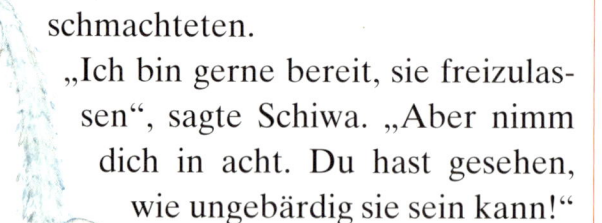

„Ich bin gerne bereit, sie freizulassen", sagte Schiwa. „Aber nimm dich in acht. Du hast gesehen, wie ungebärdig sie sein kann!"

Schiwa gab seine Gefangene frei, und das Wasser Gangas, das die Macht hatte, von Schuld reinzuwaschen, strömte aus seinen Haaren.

Der junge Baghirat nahm Ganga an der Hand und führte sie über die Erde. Geläutert durch ihren Aufenthalt in dem göttlichen Gefängnis, folgte sie ihm willig und ohne Widerrede. Und wo sie ging, verströmte sich ihr Wasser. Die Menschen badeten darin. Da wurde geheilt, wer krank war. Wer Leid ertragen mußte, der wurde davon erlöst. Und wer sich schuldig gemacht hatte, dem wurde vergeben.

Baghirat stieg mit Ganga ins Innere der Erde hinab. Kaum hatte ihr heiliges Wasser die Asche benetzt, als den Königssöhnen ihre menschliche Gestalt wiedergegeben wurde. Sie badeten im Fluß Gangas, der breit dahinfloß, und alle Schuld war ihnen vergeben...

Der Ganges nimmt einen dreifachen Verlauf: einen himmlischen, einen irdischen und einen unterirdischen.

Nach dem Glauben der Hindus wird die Seele nach dem Tod in einem anderen Geschöpf (Mensch, Tier, Pflanze) wiedergeboren. Nur wer einen Zustand absoluter Reinheit und Vollkommenheit erreicht, wird aus dem unheilvollen *Kreislauf der Wiedergeburten,* dem Samsara, erlöst. Dann ist er für immer mit der Gottheit zusammen.

Nachdem die Mutter die Geschichte zu Ende erzählt hatte, schwieg sie. Das Mädchen hatte aufmerksam zugehört. Es dachte nach und fragte:

„Wird man aus dem Kreislauf erlöst, wenn man im Ganges badet, Mama?"

„Ja!"

„Auch die Diebe, die Lügner und die Bösewichte?"

„Ja, auch sie. Wenn sie ihre Schuld aufrichtig bereuen, wird der Ganges auch sie reinwaschen."

„Und ich, Mama? Werde ich auch erlöst, obwohl ich nur so kurz untergetaucht bin?"

„Bestimmt, mein kleiner Liebling!"

„Auch obwohl ich gar keine Lust hatte, ins Wasser zu gehen, weil es so kalt war?"

„Sicher ist es besser, es gern zu tun. Aber jetzt, wo du die Geschichte des Ganges gehört hast und seine himmlischen Kräfte kennst, wirst du sicher noch oft Lust haben, darin zu baden."

„Gehen wir bald wieder hierher, Mama?"

„Bestimmt! Aber jetzt iß dein Frühstück, mein kleiner Liebling, damit du mir nicht verhungerst!"

32

*„Ich bin der Ursprung allen Lebens, von mir geht alles aus.
Unter den Flüssen bin ICH der Ganges."*
Aus der Bhagavadgita

Die Heimat des Hinduismus

Der Hinduismus ist die Religion Indiens. Seine Anfänge reichen zurück bis in die Mitte des 2. Jahrtausends vor Christus. Damals drangen von Nordwesten her arische Volksstämme in die Flußgebiete des *Indus* und des *Ganges* ein.

Die Arier waren Nomaden. Sie suchten für ihr Vieh neues Weideland. In den fruchtbaren Ebenen fanden sie alles, was sie brauchten: Wasser, Weiden, Ackerboden und dichte Wälder. Sie ließen sich vor allem am Mittellauf des Ganges nieder, wo heute die Städte Allahabad und Varanasi (Benares) liegen, und vermischten sich mit der dort wohnenden Urbevölkerung.

In einer langen Epoche des Wohlstands und des Friedens hatten sie Zeit, über die Geheimnisse des menschlichen Lebens und der Natur nachzudenken. Aus dieser frühen Zeit stammen die ältesten heiligen Texte des Hinduismus: die *Veden*.

Diese Büste wurde in *Mohenjo Daro* ausgegraben, einer Stadt der Industal-Kultur, die schon existierte, bevor die Arier in Indien eindrangen. Bis heute konnte die Schrift der Industal-Kultur nicht entziffert werden.

Abb. links: Dieses Fels-Relief zeigt den Abstieg Gangas zur Erde (Mitte). Oben links steht Bagirath, in der Haltung eines Asketen, auf einem Bein.

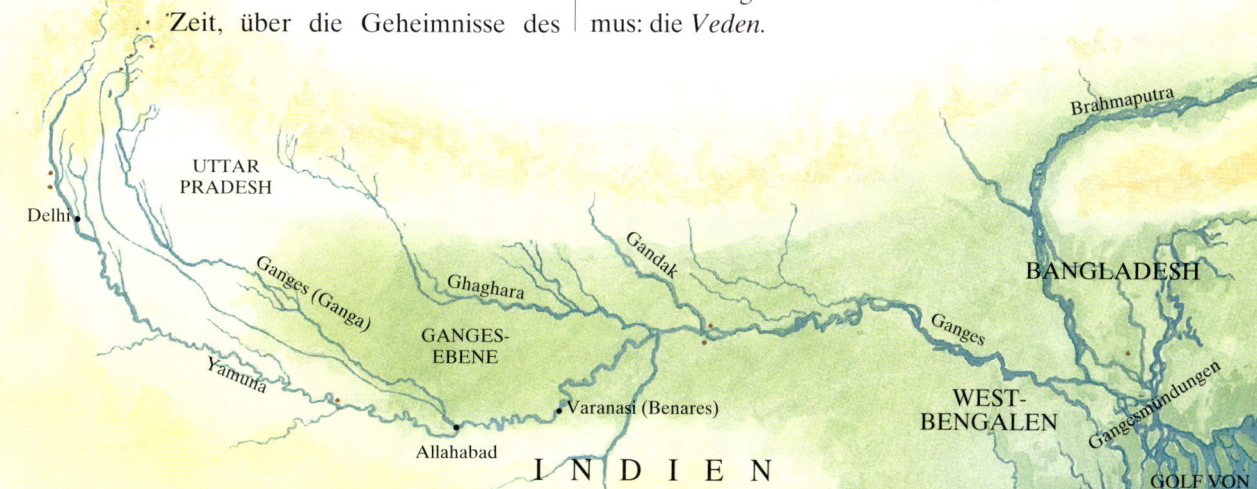

„Mein Wissen liegt nicht im Dunkeln. Es ist ein glänzendes Geheimnis, von unvergleichlicher Klarheit, sofort verständlich."

Aus der Bhagavadgita

Was ist das: Hinduismus?

Bild Mitte: Tanztheater, das Szenen aus der Mythologie – vor allem dem Ramayana und dem Mahabharata – spielt.

Die *Veden* sind in der heiligen Sprache Sanskrit geschrieben. Nach den Veden heißt die frühe Zeit des Hinduismus auch die „Vedische Periode".

Der Hinduismus wurde nicht von einer historischen Persönlichkeit begründet, sondern entwickelte sich aus den mythologischen Vorstellungen und volkstümlichen Kulten der indischen Urbevölkerung und der eingewanderten Arier (siehe S. 33).

Alles Wissen, das wir über die Anfänge der hinduistischen Religion haben, geht zurück auf die *Veden,* die heiligen Schriften des Hinduismus. Die Veden (Veda = Wissen) entstanden in der Zeit zwischen 1500 und 500 v. Chr. und wurden über viele Jahrhunderte hinweg mündlich überliefert. Sie enthalten gereimte Lobgesänge, religiöse Verse und Lieder, Opferformeln, Beschwörungen und Sprüche. Später wurden Schriften zur richtigen Auslegung der Veden hinzugefügt: die sogenannten *Brahmanas* (Brahmane = Priester) und die *Upanishaden.*

Darüber hinaus sind aus der Frühzeit des Hinduismus zwei große epische Dichtungen überliefert, das *Ramayana,* in dem der Lebenslauf des Gottes Rama erzählt wird, und das *Mahabharata,* ein Heldengedicht (siehe nebenstehendes Bild). Sein bedeutendster Teil ist die *Bhagavadgita* („Gesang des Erhabenen"), in dem der Gott Krischna den Helden Arjuna über das „rechte Tun" belehrt. In diesem Text sind wichtige Gedan-

Der Sonnengott *Surya* (Miniatur aus dem 18. Jh. n. Chr.).

Das *Feuer,* das mit seinem Rauch in die Welt der Götter aufsteigt, spielt eine wichtige Rolle bei Opfern, Hochzeiten und Bestattungen. Hier: Darbietung des Feuers bei Sonnenaufgang am Ganges.

Die Opfer werden durch Priester, die *Brahmanen,* geleitet. Sie genießen großes Ansehen und bilden die höchste Kaste. Dem Ideal nach verläuft ihr Leben in vier Stufen: Schüler der Veden, Hausherr, Waldeinsiedler, Asket.

ken des Hinduismus enthalten. Im Hinduismus gibt es keine allgemeingültigen Lehrsätze, die man glauben muß, um ein richtiger Hindu zu sein. Der Hinduismus umfaßt eine große Vielzahl unterschiedlicher Traditionen und Erscheinungsformen.

Gemeinsam ist allen Hindus die Zugehörigkeit zu einer bestimmten Gruppe (Kaste). Die *Kaste* entscheidet über die gesellschaftliche Stellung des einzelnen und über seine religiösen Pflichten.

Ein wesentlicher Bestandteil der hinduistischen Religion ist der Glaube an die *Wiedergeburt:* Danach wandert die Seele nach dem Tod des Körpers in ein anderes Geschöpf (Mensch, Tier, Pflanze); sie wird wiedergeboren. Je nachdem, ob ein Mensch Gutes oder Böses getan hat, wird er im nächsten Leben auf einer höheren oder niedrigeren Stufe wiedergeboren. Der wichtigste Begriff dieser Lehre von der automatischen Vergeltung der Taten heißt *Karma.* Unglück, Krankheit und Leid sind die Folgen böser Taten aus dem vorangegangenen Leben. Vergangenes und gegenwärtiges Tun beeinflußt also das zukünftige Schicksal. Deshalb spielt das „rechte Tun" eine große Rolle: Barmherzigkeit, Achtung vor aller Kreatur, Reinheit, Selbstbeherrschung, Wahrheitsliebe, Toleranz, Gewaltlosigkeit sind wichtige hinduistische Tugenden.

Gemeinsam ist allen Hindus der Glaube, daß hinter den sichtbaren Dingen der Welt eine unsichtbare geistige Kraft wirkt, die die Quelle des Lebens und aller Dinge ist. Ein kleiner Teil dieser ewigen, unzerstörbaren Kraft steckt auch in jedem Menschen. Das Ziel des gläubigen Hindu ist es, durch Meditation, Askese, Opfern, Studium der heiligen Schriften und religiöse Übungen (Yoga) in der absoluten Kraft aufzugehen „wie ein Wassertropfen im Meer". Gelingt dies, so ist die Seele für immer vom unheilvollen Kreislauf der Wiedergeburt, dem Samsara, erlöst und geht ein ins *Nirwana,* den Ort der völligen Einheit zwischen dem einzelnen und der absoluten Kraft.

Man nennt den Kreislauf der Wiedergeburt auch *Seelenwanderung* oder *Re-inkarnation.* Viele hinduistische Männer verbreiten die Meinung, daß Frauen keine Chance haben, eine bessere Wiedergeburt zu erlangen.

*„Du, Schiwa, bist die Sonne, du bist der Mond, du bist der Wind,
du bist das Feuer, du bist das Wasser, du bist der Himmel, du bist die Erde,
du bist die Seele der Welt."*
Aus dem Shivamahimnastotra

Die Götter

Der Elefantengott *Ganescha*, Sohn von Schiwa und Parvati, ist der Gott der Gelehrsamkeit. Er räumt die Hindernisse auf dem Weg zur Vollkommenheit beiseite.

Bild Mitte: Gott Vischnu ruht auf der tausendköpfigen Schlange Ananta. Neben ihm seine Gemahlin Lakschmi. Aus seinem Nabel kommt eine Lotusblüte mit dem Gott Brahma hervor.

Unter den vielen Gottheiten werden *Brahma*, vor allem aber *Vischnu* und *Schiwa* am meisten verehrt.

In der hinduistischen Mythologie wird von mehreren „Herabstiegen" Vischnus aus der Götterwelt erzählt, so zum Beispiel in Gestalt eines Löwenmenschen oder einer Schildkröte (s. S. 16). Auch der Gott Rama in dem nach ihm benannten Epos Ramayana und der Gott Krischna im Mahabharata (s. S. 34) sind Verwandlungen Vischnus.

Schiwa wird als der große Tänzer im Feuerrad verehrt; mit seinem Tanz sorgt er für die Entstehung und auch wieder Zerstörung der Welt. Überhaupt ist Schiwa mit seiner großen Energie fähig, gewaltige Kräfte zu bändigen und zu entfesseln.

Auch weibliche Gottheiten spielen eine wichtige Rolle, so z. B. *Lakschmi*, die Gemahlin Vischnus, oder *Parvati*, die Partnerin Schiwas (s. S. 9).

Noch viele weitere Gottheiten ließen sich aufzählen. Aber wie zahlreich und unterschiedlich sie auch sein mögen, sie sind alle Teil der EINEN ewigen. unzerstörbaren Kraft, die über das Weltall, die Natur und das Menschenleben herrscht. Diese universelle Kraft nennen die Hindus *Brahman*. Sie sollte nicht mit dem genannten Gott Brahma verwechselt werden.

Im Mahabharata (S. 34) wird erzählt, daß der Gott Vischnu in Gestalt von *Krischna* auf die Erde herabgestiegen sei. Krischna verkörpert die spielerische, lebensfrohe Seite Vischnus.

Sarasvati, die Gemahlin Brahmas, ist die Göttin des Wissens. Sie wird von Schulkindern und Studenten angebetet.

*„Wenn ein Mensch mir in wahrer Verehrung Früchte oder Wasser,
ein Blatt oder eine Blume anbietet, so nehme ich das an.
Es ist ein Geschenk der Liebe, ein Opfer des Herzens."*
Aus der Bhagavadgita

Die religiösen Bräuche

Es gibt in Indien Tausende von Tempeln, die den verschiedenen Göttern und Göttinnen geweiht sind.

In den Tempeln werden die Standbilder der Gottheiten verehrt. Das geschieht durch Lobgesänge und Opferzeremonien, die festen, oft komplizierten Regeln folgen. Die Götterbildnisse werden gewaschen, gesalbt und umkränzt. Man schwenkt vor ihnen Lichter, breitet kunstvolle Blumenteppiche vor ihnen aus und beschenkt sie mit Speisen. Die Speisen gelten danach als geheiligt und werden an die Betenden verteilt.

Eine große Rolle spielen auch die Prozessionen, bei denen die Standbilder der Götter und Göttinnen mit großem Prunk durch die Straßen gefahren werden.

Die meisten hinduistischen Familien haben einen Hausaltar. Er kann einen ganzen Raum des Hauses einnehmen oder auch nur eine Zimmerecke. Hier befinden sich die Statuen und Bilder der Götter, die die Familie verehrt. Jeden Abend zündet der Vater oder die Mutter eine kleine Öllampe an oder brennt Räucherstäbchen ab, und die Familie verbringt eine Zeit der Andacht.

Die Priester (Brahmanen) dienen an den Tempeln und Wallfahrtsstätten.

Zur Meditation wird eine Haltung eingenommen, die die Konzentration fördert.

„Am Tag der Kumbha Mela im Ganges zu baden, zählt mehr als tausend Pferdeopfer, hundert gewöhnliche Opfer und tausendmal zu Fuß um die Erde."
Aus dem Vishnupurana

Feste und Wallfahrten

Das berühmteste hinduistische Fest ist das Lichterfest *Divali*, das zu Beginn des indischen Neujahrs im November begangen wird. An Divali wird der Sieg des Guten über das Böse, des Lichts über die Finsternis gefeiert, wie es in den Mythen des *Ramayana* erzählt wird. Alle Häuser, Plätze und Straßen werden mit Öllampen geschmückt. In dieser Nacht gleicht ganz Indien einem Lichtermeer.

Jede Gegend hat darüber hinaus ihre eigenen Feste. So feiern die Bengalen

Während des Divali-Festes verkörpert dieser Junge den Gott Rama.

Einige heilige Städte Indiens.

Tausende von Lampen schwimmen am Divali-Fest auf den Flüssen.

Die Abbildung in der Mitte zeigt das Fest *Pooram*. Es wird im April/Mai in Tichur gefeiert. Beim Heiligtum von Vadakkunathan finden prunkvolle Prozessionen mit herrlich geschmückten Elefanten statt.

fast einen Monat lang die große Muttergöttin *Durga*. Am Ende wird die Statue der Göttin nach altem Brauch im Meer versenkt. Auf dieselbe Weise wird in Bombay *Ganescha,* der Elefantengott, gefeiert.

Im Süden Indiens feiert man zehn Tage lang das Frühlingsfest *Holi,* das dem Gott *Krischna* geweiht ist. Prächtig geschmückte Götterstatuen werden durch die Stadt gefahren. Die Prozession ist von Musik und ausgelassenen Tänzen begleitet.

Unter den vielen Wallfahrten, die es in Indien gibt, ist die *Kumbha Mela* die wichtigste. Sie findet alle drei Jahre statt, jeweils in einer anderen heiligen Stadt. Am Tag der Kumbha Mela wird der Sieg der Götter gefeiert, die sich mit den Dämonen um die Vase (Kumbha) mit dem Elexier der Unsterblichkeit stritten.

Die Pilger baden im Ganges. Gleichzeitig ist es für viele die Gelegenheit, den Segen der Weisen, der Sadhus (siehe Seite 16), zu erhalten, die sich in feierlichen Zügen zum Wallfahrtsort begeben.

In der Reihe
Geschichten vom Himmel und der Erde
sind bisher erschienen:

France Quéré, Dorothée Duntze
Gott sprach, und Sara lachte
Eine Erzählung aus der Bibel
40 Seiten, durchgehend farbig illustriert, gebunden
ISBN 3-7806-2351-X

Slimane Zéghidour, Dominique Thibault
Der Mann, der Gott begegnen wollte
Eine Erzählung aus dem Islam
40 Seiten, durchgehend farbig illustriert, gebunden
ISBN 3-7806-2352-8

Hyacinthe Vulliez, Etienne Souppart
Die geheimnisvollen Zeichen des Kaïdara
Eine Erzählung aus Afrika
40 Seiten, durchgehend farbig illustriert, gebunden
ISBN 3-7806-2353-6

Vijay Singh, Pierre de Hugo
Die Göttin, die sich in einen Fluß verwandelt
Eine Erzählung aus dem Hinduismus
40 Seiten, durchgehend farbig illustriert, gebunden
ISBN 3-7806-2354-4

Die Reihe wird fortgesetzt.

Kaufmann/Klett